AF249520

D3h
70
A

Observations

SUR LES RÉFLEXIONS

INSÉRÉES AU N° 4

DU BULLETIN DES SCIENCES MILITAIRES,

CONCERNANT

LES MÉMOIRES HISTORIQUES

ET MILITAIRES,

PAR LE GÉNÉRAL CROSSARD.

A PARIS,

Chez ANSELIN, SUCCESSEUR DE MAGIMEL,
LIBRAIRE POUR L'ART MILITAIRE, RUE DAUPHINE, N° 9 ;
ET A LA DIRECTION DU BULLETIN UNIVERSEL DES SCIENCES,
RUE DE L'ABBAYE, N° 3.

1830.

Observations

SUR LES RÉFLEXIONS

INSÉRÉES AU Nº 4

DU BULLETIN DES SCIENCES MILITAIRES,

CONCERNANT

LES MÉMOIRES HISTORIQUES

ET MILITAIRES,

PAR LE GÉNÉRAL CROSSARD.

————————

Le *Bulletin des Sciences militaires* vient de rendre compte des *Mémoires* publiés par le général Crossard ; peut-être ne serait-il pas indifférent d'examiner dans quel esprit ce compte a été rendu ; on jugera par cet examen du plus ou moins de justesse avec laquelle le critique a porté ses jugemens.

Et d'abord, en énumérant les différentes phases qui marquèrent la carrière guerrière du général, nous sommes frappés de voir le critique employer le mot de *fugue* pour signaler l'empressement avec lequel le baron de Crossard alla chercher les dangers dans la campagne d'Eylau. Cette expression eût été répudiée, si le censeur eût remarqué avec l'ingénieux Colnet, que M. de Crossard avait pris avec lui-même l'engagement de combattre la révolution chez tous les peuples et sur tous les champs de bataille ; il aurait remarqué que dans cette tenace résolution, il fut toujours soutenu et protégé par l'archiduc Ferdinand, le même qui sortit d'Ulm l'épée à la main, culbuta les troupes de Murat, et se fraya le chemin jusqu'en Bohême; enfin, le censeur aurait remarqué (vol. III, page 241) que, lorsque le baron de Crossard revint d'Eylau, l'archiduc Charles lui dit : « Et moi aussi je voudrais bien « avoir fait cette campagne. » L'archiduc était donc loin de l'envoyer devant un conseil de guerre qui seul, en Autriche, aurait pu le faire éliminer de l'armée; mais l'archiduc aime la gloire et les dangers; et peut-être les dangers ne sont-ils pas dans les goûts du censeur; on le croirait du moins par l'expression dont il s'est servi pour parler de gloire et de périls.

Le censeur nomme diplomatie occulte la commission avec laquelle M. de Crossard se rendit auprès des armées anglo-espagnoles, en 1809. Eh bien! puisque cet habile homme ignore les moyens que les armées étrangères emploient pour se tenir au courant des opérations de leurs aliés, il faut lui apprendre que la mission de M. de Crossard fut, en Espagne, la même que celle que le colonel Boutourlin, dont il invoque si souvent l'autorité, remplit en Espagne en 1823, auprès de M. le Dauphin. S'il consulte les pièces officielles dont il ne parle pas (vol. IV, page 383 et suivantes), il verra que cette mission ne fut occulte que pour ceux qui, comme lui, ont la vue courte; et pour peu que sa myopie se dissipe, il ne verra plus que de l'éclat dans la manière dont M. de Crossard fut présenté par l'ambassadeur d'Angleterre au premier ministre espagnol, le surlendemain de son arrivée à Séville : il augurera du titre, que, de prime-abord, Son Excellence lui décerna tous les succès qu'obtint dans la suite M. de Crossard, succès que les nombreuses pièces officielles jointes au quatrième volume attestent; enfin, si le critique doutait encore, qu'il se procure un témoignage irrécusable; il le peut : qu'il en appelle à l'ambassadeur d'Espagne; Son Excellence a tout vu, tout su, tout connu.

Mais il n'est plus permis de prendre le change sur les réti-
cences et les interprétations du critique, quand il dit que l'obligation de lire ces *Mémoires* avec attention lui a été imposée
par les éloges pompeux qu'ils ont reçus de la *Gazette de
France*, de la *Quotidienne*, du *Drapeau Blanc*; lorsque le *Journal des Débats* les a frappés de la plus sévère
critique. L'épithète *d'éphémère* donnée plus haut à l'exis-
tence de l'armée des princes ; celle de *quotidiens* qui désigne
les journaux royalistes, indiquent déjà au lecteur impartial
l'esprit dans lequel cet examen doit lui être offert : il ne s'éton-
nera donc plus d'entendre le censeur prononcer que son at-
tente a été trompée. Ceux à qui les articles du *Journal des
Débats* seront connus, s'en étonneront bien moins, s'ils
comparent la marche que le censeur va tenir avec celle qui a
été suivie par le rédacteur des *Débats* : il croira apercevoir
que deux associés parés des mêmes couleurs se sont partagé
la tâche. Le publiciste a parlé de patrie, comme si, d'après
les réflexions du spirituel Colnet, la patrie pouvait être envi-
sagée par le général Crossard de la même manière qu'elle doit
l'être par un rédacteur des *Débats?* Les mêmes sentimens
peuvent-ils donc animer le cœur de l'un et de l'autre, et un
rédacteur des *Débats* peut-il concevoir que l'on sert sa patrie
de la manière dont le général Crossard a soutenu (vol. II,
page 237) l'avoir servie.

C'est sans doute en avoir assez dit pour préparer le lecteur
à voir le censeur fouiller, sans suite, dans tous les volumes,
pour en extraire le trait *ingénieux* qu'il veut décocher ; à le
voir disloquer les phrases, tronquer le sens, émettre des absurdités, avancer maladroitement de fausses allégations dé-
menties par des pièces authentiques *annexées à l'ouvrage
même*. De ce nombre est le grade de major, dont il dit que
M. de Crossard était revêtu quand il quitta le service d'Autriche, lorsque les pièces contenues au vol. IV, pages 395 et 396,
prouvent qu'il était lieutenant-colonel au régiment de Lia-

denau, et qu'il fut admis en qualité de colonel au service de Russie (vol. VI, pages 439 et 440) ; mais un grade de plus donne des droits à plus de considération, et le critique n'est pas disposé à convenir de celle dont l'auteur des *Mémoires* a pu jouir. C'est en opposant des preuves aux hypothèses ; c'est en suivant chaque paragraphe, qu'il sera facile de démontrer toutes les absurdités dont se compose cette ridicule critique.

Le censeur est d'avis que, sous le rapport politique, rien n'est plus insignifiant que ces *Mémoires*. A cet avis opposons celui d'un littérateur dont la réputation est honorablement établie : il pense que ces *Mémoires* seront partout regardés comme l'ouvrage d'un homme consommé dans la guerre et la politique. Le général Mack a jugé de même (page 330, vol. Iᵉʳ); mais le général Mack est un homme sans génie, le critique l'a décidé : lequel des deux aura le mieux jugé, de l'homme de lettres, ou du censeur, homme d'épée ; c'est au lecteur à prononcer.

On ne peut accorder au critique que l'auteur des *Mémoires* laisse sans preuves ce qu'il avance ; car on lui a reproché qu'en prouvant trop, il paraît trop se défier de la confiance du lecteur auquel on en appelle ici.

Le censeur qui refuse à l'auteur la faculté des conceptions militaires tombe bientôt en contradiction avec lui-même, en parlant d'un plan *sorti* (ce sont ses expressions) *du cerveau fécond de l'auteur*, plan qu'il blâmera sans doute, tout en se taisant sur ses vices.

Le censeur prévient le lecteur qu'il ne réfutera ni les faits controuvés, ni les observations puériles et hasardées qu'on rencontre dans ces *Mémoires*. Cette manière de faire la critique d'un ouvrage n'est pas complaisante pour le lecteur, mais elle est la plus aisée pour le censeur. « Il ne veut, dit-il, « qu'examiner si M. de Crossard a été, par sa position ou par

(5)

» son grade, à portée de connaître la pensée intime des gé-
» néraux. »

La confiance qu'on obtient dépend donc absolument du
rang qu'on occupe ; il est donc vrai qu'un simple commis
n'obtient jamais la confiance d'un ministre ; ni un aide-de-
camp , quelque talent qu'il ait, celle de son général ; et qu'on
ne vit jamais un grand personnage devoir toute sa réputation à l'homme ignoré dont il sut se servir.... étrange ab-
surdité !

Il veut « examiner la confiance qu'on doit accorder aux
« relations de M. de Crossard. » Mais prouvera-t-il quand il
niera ? non ; il faudra l'en croire sur parole.

Enfin , il soumettra à sa sévérité « les divers *Mémoires* que
« le général Crossard a présentés, et sur lesquels il fonde sa
« réputation. » C'est alors que le lecteur sera prié d'apporter
toute son attention ; car il se convaincra que cette menace du
censeur ne produira absolument que des nullités qui l'auto-
riseront à reconnaître dans ce redoutable critique la plus
ignorante vanité.

Le critique commence son examen par révoquer en doute
les connaissances mathématiques de M. de Crossard ; car rien
ne prouve, dit-il, qu'il ait subi des examens pour l'artillerie
des colonies. Mais a-t-il cherché à le savoir ; sans doute on
se serait d'autant plus empressé à le convaincre par des pièces
authentiques, qu'on ne conviendra pas avec lui, que l'on
peut être bon général sans avoir des notions de géométrie ;
et on aime mieux croire avec M. de la Tour-Foissac que la
géométrie doit être un élément dans l'instruction militaire (1).
Nous penserons encore avec le même auteur qui appuie son
sentiment sur celui du grand Frédéric, que les principes de
la fortification forment et éclairent seuls le coup-d'œil de

______

(1) *Traité de la Guerre des Retranchemens.*

(6)

l'homme de guerre. Aussi, le critique aurait-il pu remarquer que si M. de Crossard avoue franchement (vol. Ier, pag. 274) qu'en 1797, il eût été sous les murs de Vienne fort incapable de tracer un retranchement, il dit positivement qu'il n'en était pas moins plein de ce que nous apprennent les traités élémentaires sur la fortification passagère et sur la guerre des retranchemens : mais cette réticence était à la convenance du critique, de même qu'il a trouvé piquant de dire que cet officier n'avait jamais retranché que dans la rivière de Gènes un couvent et un colombier; or, puisque le critique est si sévère scrutateur, pourquoi n'a-t-il pas parlé de la barricade que M. de Crossard avait précédemment faite à la tête du pont de Limbourg, il eût évité un petit mensonge; et pourquoi a-t-il encore oublié que la traverse que cet officier faisait élever à Turin devant la porte de Suze, ne fut discontinuée par lui, que pour se rendre, à l'heure fixée, chez le maréchal Souwarow; mais en relevant de parcilles absurdités, n'a-t-on pas à craindre que le lecteur ne trouve qu'il est encore plus futile et plus puéril d'en prendre la peine. Qu'a-t-on besoin de vouloir réfuter de fausses allégations? Le lecteur peut-il se dissimuler la tendance du critique à marcher d'imposture en imposture dès qu'il dit que M. de Crossard ne servit en Autriche que dix ans, lorsqu'il est prouvé (vol. IV, pag. 395) qu'il y servit dix-sept ans; mais où la mauvaise foi éclate-t-elle davantage que dans ce qu'il fait dire à l'auteur « qu'un camp retranché doit être considéré comme une chaîne d'ouvrages avancés; et qu'on n'en peut brusquer l'attaque. Il est véritablement dégoûtant d'entreprendre ici une justification, dans la certitude que le lecteur fera lui-même justice. Cependant, redressons les faits; il s'agit du camp retranché que l'armée de Moreau occupait en 1796 sous la fortesse de Kehl, l'auteur s'exprime de la sorte : « dès que le camp est soutenu « par une forteresse qu'il couvre, il doit être considéré « comme une chaîne d'ouvrages avancés; dès-lors ces ou-

« vrages appellent la méthode connue des siéges; » un camp
tel que ceux construits sous Nimègue et sous Maubeuge est-il
en effet autre chose qu'un plus grand développement donné
aux ouvrages de la place : la distinction que fait l'auteur entre
les camps retranchés isolés qui doivent être attaqués de vive
force, et les camps retranchés construits sous le canon de la
place fut suggérée par l'opinion du colonel Turpin, un des
plus habiles officiers du corps du génie avant la révolution;
il répéta souvent pendant la longue durée du siége, que s'il
en eût été chargé, il eût dit à l'archiduc : « Monseigneur, je
» ne commencerai les travaux contre la place, que quand
« vous aurez emporté le camp retranché » : on ne comprend
pas bien au reste ce qu'a voulu dire le critique; et on serait
tenté de croire qu'il ne s'est pas compris lui-même. Aurait-il
prétendu qu'on ne doit jamais ouvrir la tranchée devant un
camp retranché : dans ce cas, il nous permettra de réfuter ses
imposantes doctrines par l'opinion de Feuquières : « il n'est pas
« sans exemple, dit ce grand tacticien, de voir ouvrir la tran-
« chée pour forcer une armée qui a suppléé par des retran-
« chemens aux avantages d'une bonne position qu'elle n'a pu
« prendre. » Or, quelle dénomination donne-t-on aux retranchemens qui enveloppent une armée ? M. de la Tour-Foissac
les appelle dans son Traité de la guerre, des retranchemens
(chap. 9, pag. 57) *Camp retranché...* Mais il est permis au
critique d'avoir d'autres idées; il est bien supérieur aux deux
hommes que nous venons de citer. Si cependant telle est sa
modeste pensée, nous sommes obligés de ne pas la partager
dès que nous le voyons accuser M. de Crossard de ne pas
savoir ouvrir une marche, en motivant cette accusation sur
ce qu'il fit passer une colonne à travers le vestibule d'un château : il est vrai qu'il ajoute pour *faux-fuyant,* que ce passage
était sans nécessité. Mais où l'a-t-il vu? sait-il si des obstacles ne s'opposaient pas à toute autre direction? si toute
autre direction n'aurait pas porté sur un point contraire?

sait-il si la colonne n'arrivait pas ainsi plus directement et plus promptement à la place qui lui était assignée? sait-il si elle ne devait pas se hâter d'entrer au camp? nous sommes peinés de l'avouer; toutes ces combinaisons qui guident, en partie, dans l'ouverture d'une marche, paraissent être au-dessus de la portée du critique. Il se serait tu, en dépit de son aigreur, s'il s'en fût rapporté à l'éloge donné par le comte de Weissenwolf : ce colonel élevé peu de temps après au grade de général, dit : « nous avons aujourd'hui marché en soldats. » (vol. II, pag. 370.)

Suivons encore le critique dans ses savantes remarques, et il nous montrera, avec *hilarité*, M. de Crossard se donnant pour très-expert dans l'art du pontonnier, parce qu'il conçut une nouvelle espèce de ponts portatifs destinés aux avant-gardes. Le critique déclare ainsi qu'il faut appartenir à un art ou à une profession pour avoir le droit de concevoir une idée qui est de leur domaine : le cordelier Schwarz était-il homme de guerre, lui, qui en changea tout le système? l'inventeur des bateaux à vapeur était-il marin? l'auteur de l'appareil pneumato-nautique est-il ingénieur de la marine? Arkwrigth, était-il filateur?

L'archiduc Charles arrêta en effet la construction des radeaux proposés pour s'emparer des îles du Rhin qui masquaient le pont de Kehl; mais l'auteur de la critique ne dit pas que son altesse impériale suspendit les travaux du siége pour se porter sur Moreau (vol. Ier, pag. 225) qu'il força à repasser le fleuve.

On ne fit point à Alexandrie usage de la batterie flottante qui était en construction, parce que la forteresse se rendit avant qu'elle fût achevée (vol. II. pag. 156 et 138). M. le général Zach, qui succéda au marquis de Chasteler, blessé, n'eût même pas connaissance du projet.

Le critique, dans son aimable gaîté, intervertit un peu le texte relativement au changement opéré par un officier de pontonniers au pont de bateaux (vol. Ier, pag. 3o6), il n'est pas du tout dit que ce changement ait été adapté au pont de corde qui fut exécuté et proposé pour donner passage à de l'infanterie sur de larges et profonds ravins et de grands ruisseaux encaissés. Les procédés employés depuis pour établir les ponts de fil de fer auraient amené à perfectionner la solidité de ces ponts qui offraient une longueur de dix-huit pieds et supportaient une pièce de campagne.

Les Russes ne furent pas suivis par le maréchal Mortier, dans la position qu'ils prirent après avoir quitté Krems. Le savant critique qui a eu sous les yeux la description de cette position, et probablement des cartes exactes, aurait bien dû, pour notre instruction, en montrer les vices.

La position que le colonel Crossard, choisit après le combat de Malojaroslawetz, n'a point été attaquée par Bonaparte; elle lui barrait cependant la route de Kalouga qu'il lui était si important d'ouvrir. On s'est encore appliqué à faire connaître cette position; pourquoi l'habile critique ne nous montre-t-il pas comment elle eût été forcée? Ses leçons nous seraient si précieuses !

Mais le critique n'est jamais plus admirable que dans ses *lançades* contre la position qui fut proposée aux alliés en avant de Paris. Il fait, à sa manière, sans hésiter, un crime au colonel Crossard de n'avoir pas indiqué la position enseignée par Puységur, pour couvrir Paris, derrière les rivières de l'Orge et l'Ivette. On conçoit bien, qu'il ne s'arrête pas à considérer ni les temps, ni les circonstances, ni les armées qui étaient en présence, ni la qualité des armes qui les composaient ; ces réflexions tiennent aux grandes combinaisons de guerre, et dut le critique nous rétorquer l'argument, nous ne le croyons pas très-fort dans les grandes combinaisons de guerre ; au moins paraissent-elles l'abandonner ici. En effet, dans les deux hypothèses où Puységur se place, il vient de Saint-Denis, traverse Paris, dont il est toujours sûr, et il marche à l'ennemi pour lui livrer bataille. Celui-ci est supposé venir de Longjumeau ; et dans tous les cas, il laisse la Seine à droite.

Dans la situation où se trouvaient les alliés, ils ne pouvaient espérer de conserver Paris, qu'autant qu'ils seraient victorieux de Bonaparte ; battans ou battus, ils ne devaient jamais croire Paris disposé en leur faveur ; étaient-ils battus, ils ne pouvaient certainement pas espérer que les ponts de la capitale leur offriraient une retraite sûre et tranquille : enfin, Bonaparte, maître des passages sur la Seine, pouvait opérer entre cette rivière et la Marne, et, comme par cette opération, il eût menacé les communications des alliés, il est presque indubitable, que c'eût été le but de ses manœuvres : ce n'est donc pas une position protectrice de Paris, que devaient choisir les alliés ; mais un champ de bataille qui leur promît la victoire ; ils devaient choisir un terrain qui leur permît de se porter rapidement sur l'une ou l'autre rivière, au gré des circonstances, tout en ne les éloignant pas trop de Paris. Or, l'Orge et l'Ivette coulent à cinq lieues de là : les combinaisons du moment ne permettaient donc pas de prendre Puységur pour guide. Le critique ne l'a pas vu.

Après avoir constamment servi hors de la ligne pendant la guerre, M. de Crossard pria l'archiduc Charles de le placer dans un régiment où il pût tout à la fois se former aux évolutions et se familiariser avec la langue allemande. (Vol. III, page 5.) Le critique en conclut tout franchement que cet officier était incapable de commander un bataillon ; si le malin critique avait bien voulu observer qu'à dater de cette époque M. de Crossard avait été six ans capitaine dans un des régimens les plus instruits de l'armée, où on ne parlait qu'allemand, et dont le colonel passait pour n'être pas très-accommodant ; s'il avait voulu observer, qu'après son retour d'Espagne, M. de Crossard, fut lieutenant-colonel dans un régiment où il dut commander le bataillon mis sous ses ordres ; si le critique avait su que toutes les semaines un officier supérieur, à l'exception des colonels, devait à son tour commander une grande parade en présence de l'archiduc Ferdinand, qui entend *passablement* son métier et qui n'est pas fort indulgent, le critique devenu, d'après ces observations, moins tranchant, eût été moins ridicule.

C'est toujours avec la même autorité que le critique reproche à M. de Crossard de ne pas savoir ce que c'est qu'un fourrage ; puisqu'il a nommé pillards les soldats révolutionnaires qui pillèrent le village de la Grange, sous Thionville. Mais, n'en déplaise au critique, un fourrage n'est ainsi caractérisé que lorsque des postes occupés et des troupes placées en avant du lieu qui doit être fourragé, forment la chaîne : or, de semblables dispositions ne furent pas faites quand on enleva tout ce qui était dans le village de la Grange. Les hommes furent donc des pillards, ou le commandant de la place un ignorant ; on serait tenté de croire que le critique n'en sait pas davantage.

Comment un homme d'honneur peut-il appeler ruse de guerre, la déloyauté et la perfidie dont se servit Murat, pour s'emparer des ponts de Vienne : le lecteur est prié de lire avec attention les détails que l'auteur donne sur cet enlèvement de ponts et les réflexions qu'il y a jointes : qu'il prononce ensuite entre l'auteur et le critique !

Comment pourrait-on maintenant supposer capable de réflexions émises sur la formation et la composition d'un corps d'état-major, celui dont les absurdités qui viennent d'être signalées, mettent en évidence ou l'ignorance ou la mauvaise foi ; c'est encore ses préventions qui ne lui ont pas permis de s'apercevoir que les réflexions dont on vient de parler furent traduites en allemand par le comte Charles de Neipperg, commandeur de l'ordre de Malte, et non par son frère, le lieutenant général, dont différens passages de ces *Mémoires* attestent l'intime liaison avec leur auteur.

Le critique prononce que « pendant le temps que M. Cros-

ʳsard servit en Hollande, il ne fut pas en position d'avoir la
« confiance des généraux »; qu'il lise avec attention le premier volume; qu'il lise la lettre du prince Frédéric d'Orange,
insérée au troisième volume (pag. 399), et quel que soit son
désir de douter, il sera forcé d'avouer la fausseté du jugement
qu'il a porté.

Mais, quoi de plus propre à mettre en évidence la mauvaise
foi du critique que l'assurance avec laquelle il avance que
M. de Crossard fut lieutenant et capitaine d'infanterie au service d'Autriche depuis 1796 jusqu'en 1806? N'est-il pas prouvé
(vol. Iᵉʳ, pag. 293) que le lieutenant-général Mack l'admit,
en 1797, dans le corps de l'état-major, d'où il ne sortit qu'en
1801, après la paix d'Amiens? (Vol. III, page 2.)

M. de Crossard laisse à la lecture approfondie des vol. III
et IV à faire connaître au lecteur et à lui faire juger les idées
militaires qu'il soumit aux Espagnols : les hommes réfléchis
et sans passion les mettront à leur juste valeur; et les pièces
officielles annexées aux volumes démontreront la vérité aux
moins disposés à croire. (vol. IV, p. 383 et suiv.)

Si le critique savait qu'on ne connaît point à l'armée russe
de salon de service; s'il connaissait les lettres dont le grand-
duc Constantin a honoré M. de Crossard; s'il s'informait de la
manière dont ce prince le traitait, il se persuaderait, s'il en
est susceptible, que cet officier pouvait avoir, sur les événemens et sur les choses, des notions plus positives que celles
qui résultent du *caquetage* d'un quartier-général. Au reste,
les titres officiels joints aux *Mémoires* suffiront pour faire
briller *dans tout son éclat* la futilité de ces ridicules observations (vol. VI, page 439).

« La qualité d'étranger devait éloigner la confiance du gé-
« néral en chef Koutousoff de M. de Crossard; » mais le critique ignore donc qu'en Russie les emplois les plus impor-
tans sont remplis par des étrangers? Les Russes ne répugnent
donc pas à accorder leur confiance aux étrangers. Au reste,

(13)

il faut nier les preuves authentiques contenues dans le vol. V,
pag. 404, en légitimant pourtant la dénégation ; ou bien il
faut convenir que le général en chef Koutousoff eut la *bon-
homie* d'accorder quelque confiance au colonel Crossard.

Le critique, arrivant à sa seconde proposition, examine la
manière dont l'auteur a rapporté et jugé les opérations ; c'est
ici que le lecteur est prié de rassembler toute son attention
pour apprécier le degré de vérité avec lequel le critique ex-
posera les faits rapportés dans les *Mémoires,* et pour estimer
ensuite le jugement qu'il portera sur les opinions ou sur les
idées qui auront appartenu à l'auteur. Nous continuerons à
suivre les paragraphes sans poser leur texte.

Et d'abord il est faux que le général Chapuis se soit rendu
au prince d'Orange. Il est explicitement dit (vol. I, p. 90)
qu'il se rendit au duc de Glocester : il est bien constaté
(vol. I, pag. 89) que la bataille de Troisville fut gagnée par
le mouvement hardi qui jeta vingt escadrons anglais et autrichiens sur le flanc gauche de l'armée républicaine. Que doit-
on penser des talens militaires de celui auquel une aussi brillante manœuvre échappe? Le général Jomini n'était point
encore entré dans la carrière militaire ; son silence ne peut
donc être d'aucune importance.

La bataille de la Trébia est inintelligible pour ceux qui ne
comprennent rien ; car tous les gens de guerre la disent rap-
portée avec clarté. Nous citerons, pour appuyer la vérité du
récit, ce qui a été écrit à l'auteur par un homme à qui on
accorde assez unaniment beaucoup d'esprit. Capitaine de dra-
gons avant la révolution, il servait alors dans l'administration
de l'armée de Macdonald ; il écrit à l'auteur : « J'ai lu avec
« intérêt le second volume de votre véridique et mémorable
« ouvrage. La manière avec laquelle vous rendez compte des
« batailles de la Trébia et de Marengo m'a particulièrement
« attaché. J'ai assisté, mais avec une plume à la main, à ces
« deux batailles : *tout ce que vous peignez est exact.* » On

(14)

sait qu'un homme d'esprit est de tous les métiers ; et, sous
le rapport de l'esprit, nous doutons que le critique, qui peut
être plus savant, soit à la hauteur de celui dont on vient de
lire la note.

Le général Graham, dont la rare bravoure et l'infatigable
zèle font époque dans l'armée autrichienne, n'avait point encore rejoint l'armée de Souwarow, et le général Jomini, qui
ne servait point en Italie, ne peut avoir obtenu que des do-
cumens.

Si le critique voulait être un peu consciencieux, il ne per-
drait pas de vue que l'auteur a pris l'engagement de ne parler que du point où il s'est trouvé ; il n'a donc dû parler que
de celui où il se trouva à la bataille de Novi : mais il a fait
plus, il a attesté de la vérité de son rapport un personnage
célèbre chez tous les peuples par son rare talent et par sa non
moins brillante valeur : certes, l'illustre feld-maréchal comte
de Bellegarde ne contestera jamais la vérité des faits qui sont
rapportés ; c'est aux militaires qui combattirent à Novi, dans
l'armée de Joubert, et qui conservent toute la force de la
loyauté, à dire franchement quelle influence eurent sur les
résultats de cette bataille, l'attaque et la prise du village de
Pastourana par les Autrichiens. Nous pensons que les hommes
véritablement organisés pour la guerre n'attendront pas ce
jugement pour se prononcer, mais qu'ils plaindront le critique d'être aussi borné dans ses vues.

Les élans d'esprit auxquels le critique s'abandonne à l'oc-
casion du bal donné par le prince de Bagration, sont d'une
légèreté séduisante ; mais nous regrettons que cette aimable
légèreté n'ait pas permis au critique d'apercevoir deux faits
qui, dans cette circonstance, auraient mérité l'attention d'un
militaire observateur : nous voulons parler de l'aplomb que
les Russes gardèrent au milieu d'une surprise, et de l'ordre
avec lequel leur extrême arrière-garde vint prendre sa place
de bataille ; de plus, si nous attachions nos regards sur la

plaisante situation des dames, privées de leurs carrosses et de
leurs chevaux, nous ne pourrions que reconnaître le goût des
républicains pour les dépouilles opimes.

On renverra à la lettre du comte de Neipperg, insérée au
premier volume, page 335, pour confirmer ce qui a été écrit
sur la bataille de Marengo. Le critique a rendu justice aux
talens et à la réputation de cet illustre officier; il ajoutera
donc foi à ses écrits : or, il est évident que l'armée autrichienne repoussait avec horreur les conditions acceptées par
son général en chef; il est évident que Bonaparte était loin
de croire à sa victoire. Que le critique interroge, de plus, les
hommes de bonne foi qui servaient dans l'armée du consul;
qu'il en réfère à M. le lieutenant-général duc de Valmy; il
ne trouvera plus la relation de l'auteur exagérée. Le général
Villot n'était point à Marengo, il était resté à Gènes. Le général Danican ne quitta point le champ de bataille : le critique peut invoquer le témoignage du général comte de Bussi,
retiré à Lyon.

Si l'auteur n'est pas entré dans tous les détails du siége de
Gênes, il défie le critique de prouver que les faits qu'il a rapportés ne sont pas exacts : les ordres réitérés que le général
Gottesheim reçut dans la suite, de se retirer dès qu'il serait
attaqué; la manière dont il exécuta plus tard ces ordres, dé-
montre que le premier combat qu'il soutint fut résolu par
l'inspiration de son courage, et non par la justesse de ses
vues. Les dispositions furent essentiellement vicieuses; quel
est le militaire qui ne le reconnaîtra pas, tout en approuvant
la franchise de l'officier d'état-major à qui elles furent con-
fiées. Quant à la réputation que celui-ci a laissée dans l'armée
autrichienne, les ordres qu'il porte, la manière dont il les
mérita (vol. II, pages 375, 376 et suivantes), les pièces authentiques annexées au IVe vol., pages 395 et 396, la pro-
clament assez hautement. Le critique montrerait-il d'aussi
honorables titres ?.... On en doute.

Les Russes restèrent à Eylau incontestablement maîtres du champ de bataille ; ils gagnèrent donc cette bataille, que décida le général prussien Lestocq. Si la manœuvre qui lui est attribuée fut véritablement exécutée par ce général ; dans les positions respectives où étaient les deux armées, il faut être dépourvu de toute espèce de sagacité militaire, pour n'être pas convaincu qu'il ne pouvait pas en être autrement ; or la manière dont Lestocq attaqua ne peut être contestée par les deux armées : j'en appelle au général Wilson, et à M. Héli Hutschinson.

L'auteur de ces *Mémoires* verra avec orgueil que le critique le décore du beau titre de mentor du général Beningsen ; il eût cependant été bien doux pour son amour-propre d'entendre le critique énoncer le principe sur lequel l'auteur pouvait fonder une gloire aussi flatteuse ; mais le critique est si persuadé qu'il sera cru sur parole, qu'il dédaigne de prouver et le blâme et les éloges qu'il dispense. Plus timide dans ses assertions, l'auteur s'estime heureux de pouvoir produire une lettre du marquis de Laisert qui servirait à prouver qu'il remit en effet à M. le baron de Beningsen les notes dont il a parlé, mais dont, *par ménagement* pour sa réputation, le critique n'a point voulu combattre les raisonnemens ; c'était assez de faire présumer qu'il ne les tenait pas pour dignes de son attention.

C'est avec la même bienveillance que le critique accorde à l'auteur la faveur d'avoir joui des mêmes honneurs auprès du général en chef Koutousoff. Ici cependant les droits paraissent moins susceptibles d'être contestés ; car M. de Crossard était colonel de l'état-major ; mais il eût été juste de nommer MM. Toll et Diebitch, comme ayant eu droit à la même distinction, puisqu'ils étaient aussi colonels du corps de l'état-major. Cependant, quelque adroite que soit ici l'ironie, la vérité pourrait bien se glisser à travers : le critique est forcé d'en convenir, autrement il montrerait trop d'i-

(7)

gnorance, en refusant aux officiers du corps d'état - major
l'honorable privilége d'être conseillers-nés des généraux qui,
à leur tour, conservent le droit d'accepter ou de rejeter
leurs avis.

Les combats où l'auteur se trouva pendant les campagnes
de 1812, 1813 et 1814 sont indiqués au VIᵉ vol. page 440.
On ne peut donc attendre de lui que la relation de ce qui se
passa dans ces différentes affaires sur le point où il y assista.
Il serait curieux de voir le critique contester à l'auteur les
faits qu'il avance, ou lui prouver qu'il a tort dans ses discussions stratégiques. Il est bon de faire observer, en passant,
que M. de Boutourlin dont l'autorité paraît, à juste titre, si
imposante au critique, n'était à cette époque, que lieutenant
d'artillerie, aide-de-camp du général Yermoloff; et que le
général Jomini ne passa du côté des Russes qu'en 1813. Les
témoignages de ces officiers, eu égard à leur position, doi-
vent-ils donc avoir plus de force que ceux de M. de Crossard,
qui était alors colonel du corps de l'état-major.

La position proposée par cet officier, en arrière de Bautzen,
n'avait bien positivement que cinq mille pas; tandis que celle
qui fut occupée par les troupes alliées en comptait quinze
mille. Ne faut-il donc pas une absence de toute justesse d'esprit militaire pour élever le moindre doute sur la supériorité
de la position, qui, dans la défensive, offre le moins de terrain à garder, sauf d'ailleurs les autres avantages qu'une telle
position doit réunir? persistons encore à soutenir, et appe-
lons en témoignage le comte de Langeron, le prince de
Scherbatoff et le général Yermoloff; persistons à soutenir
que les dernières troupes de la droite de l'armée, commandées
par Barclay ne quittèrent leur position que le lendemain
matin, à dix heures : on nous a déjà accordé que la gauche
ne suivit pas le mouvement rétrograde du centre.

Quand il est parlé de la bataille de Dresde (vol. V, pag. 349),
il ne peut échapper au lecteur le moins attentif, qu'on est

loin d'attribuer au général Moreau d'avoir conseillé de marcher sur Dresde; mais on s'étonne de ce qu'il ne l'empêcha pas. Cette version est différente de celle que donne le critique; quelle foi faut-il donc ajouter à ses assertions!

Les généraux Toll et Diebitch sont incapables de nier qu'ils décidèrent à Culm, l'attaque par la droite des alliés contre la gauche de Vandamme, et le général Radetski, plein d'honneur, ne pourrait très-certainement refuser d'attester que le colonel Crossard insista pour que l'ennemi fût attaqué sur sa droite : or, le prince Philippe de Hesse-Hombourg et le général Rajewski savent le reste : c'en est assez pour que le lecteur puisse tirer les conséquences. Enfin, il est avéré que le corps du général prussien Kleist acheva de détruire celui de Vandamme.

Le sous-chef d'état-major de *la petite* réserve que composait l'élite des armées russe et prussienne, puisqu'elle était formée des gardes impériale et royale, infanterie et cavalerie, et que les grenadiers et les cuirassiers de l'armée russe en faisaient partie; cet officier, disons-nous, ne se croit pas plus habile que MM. Boutourlin et Muffling; mais il a la prétention d'avoir plus fait la guerre que ces Messieurs.

Le critique honore la polémique de M. de Crossard du titre *ingénieux* d'intarissable et fastidieuse. Il est vrai qu'un général dont l'armée française avoue les talens et vante la réputation, reproche à l'auteur des *Mémoires*, d'avoir trop *raisonné* ses raisonnemens; mais il ajoute : « ce qui abonde ne vicie pas. »

Tout en rendant justice à l'érudition du général Pelet, le général Crossard n'a cependant pas cru pouvoir être toujours du même avis.

Le général Crossard proteste de nouveau, même sans *prétendre à la modestie*, de la vérité de tout ce qu'il a avancé relativement au mouvement des alliés sur Paris (vol. VI, pag. 269). Il proteste qu'il a rappelé avec la plus grande exactitude le moment où il parla pour la première fois au grand-duc Constantin de la nécessité de marcher sur cette capitale. Il ne craint pas d'affirmer d'avance que son altesse impériale ne désavouera aucun des détails qu'il donne : ce prince loyal et véridique est doué d'une *Mémoire* trop riche et trop fidèle.

M. de Crossard proteste encore que le lendemain matin, le général Diebitch lui dit : *qu'il fallait passer la Marne derrière Bonaparte, l'attaquer à dos et l'écraser.* Le général Diebitch pourrait-il le désavouer !.. non.

Le corps de réserve ne fut point engagé à la bataille de la Rottière, dite de Brienne. Trois bataillons de grenadiers russes seulement appartenant à cette réserve, sous les ordres du baron de Damas prirent part à l'action et décidèrent la victoire. Mais ce fut au contraire la cavalerie de la réserve, jointe à un régiment de cavalerie légère wurtembergeoise qui, au combat de Fère-Champenoise, poussa constamment devant elle les troupes de Bonaparte jusqu'au pied des hauteurs de Sézanne. Le grand-duc Constantin s'y couvrit de gloire.

On ne niera jamais que ce fut sur la demande du colonel Crossard que furent placées les deux pièces de canon avec lesquelles le lieutenant d'artillerie Mensdorff battit si vivement à dos les troupes qui défendaient les bois de Romainville. Il est vrai qu'après l'établissement de cette batterie, les troupes attaquées de front par les grenadiers russes ne tardèrent pas à abandonner cette position que l'importance que lui donne M. le maréchal duc de Raguse doit faire considérer comme une barrière formidable de Paris (1).

Il est de fait qu'en combattant pour la cause de leur roi sous les murs de Paris, MM. de Langeron, Lambert, Damas,

---

(1) *Voyez* Mémoire justificatif du duc de Raguse. Paris, chez Chaumerot aîné, libraire. 1815. Page 6.

2*

Polignac, Rochechouart et Octave de Broglie étaient l'honneur de la noblesse de cour à laquelle ils appartenaient avant la révolution. Ils n'eurent point le dessein de venger cette noblesse de cour qui aurait dû se venger elle-même, en combattant toute entière sous les drapeaux alliés; mais ceux que je viens de nommer, en concourant à la victoire qui ouvrit aux Bourbons les portes de leur palais, vengèrent bien positivement leur infortuné roi. Il y aurait trop de démence à le nier, c'est dans ce sens que s'exprime le texte que le critique juge à sa convenance d'intervertir.

On en aurait dit assez pour caractériser les jugemens et la bonne foi qui règnent dans cette ridicule critique. Cependant répondons encore; la tâche est fastidieuse, mais elle ne sera pas pénible.

M. de Crossard ne suivit point Bonaparte en Égypte; mais, n'en déplaise au critique, la bataille des Pyramides fût redressée et gagnée par Kléber : l'armée l'atteste.

Les personnes les plus notables de la ville de Brunn affirmeront que la veille de la bataille d'Austerlitz tous les traits de Bonaparte marquaient une profonde inquiétude; c'est sur cette foi que M. de Crossard qui, pendant un an, a tenu garnison dans Brunn, l'a écrit. Aux preuves authentiques qui sont contenues dans l'ouvrage même, l'auteur prend l'engagement de joindre toutes celles qui seraient exigées pour démontrer irrésistiblement la vérité de tout ce qu'il soutient avoir vu, avoir entendu, avoir dit, avoir écrit, avoir fait. Que les plus incrédules fassent connaître les faits dont ils doutent, et ils acquerront les preuves les moins équivoques. La vérité ne peut être qu'une.

Pour repousser et réduire au mépris qu'elles méritent les imputations d'exagérations défavorables dont le critique gratifie si généreusement l'ouvrage, on se contentera de manifester ici l'opinion d'un officier général du corps du génie; il a écrit : « Je me ferai un vrai plaisir de m'entretenir avec le

« loyal auteur d'un ouvrage auquel je voudrais voir pour épi-
« graphe, d'après notre naïf Montagne :

« Ceci est un livre de bonne foi. »

Un autre général, dont la réputation est célèbre dans l'armée par des talens non contestés, écrivait à l'auteur : « Cet
« ouvrage a un grand attrait pour moi : son esprit de convic-
« tion, son style *vrai*, ferme et rapide, m'inspirent un inté-
« rêt tout particulier. »

C'est le même qui ajoute : « On pourrait reprocher à l'au-
« teur d'avoir trop *raisonné ses raisonnemens;* mais il pour-
« rait répondre que, combattant de puissans adversaires, il
« fallait les convaincre par l'accumulation des *preuves irré-*
« *cusables* et toute la force de la logique. Je ne blesserai pas
« votre modestie (l'auteur ne s'en pique pas) en appuyant
« sur la justesse et la profondeur de vos réflexions; mais je
« vous remercierai sincèrement du plaisir que j'ai éprouvé en
« suivant vos campagnes, vos travaux, et l'affluence des preu-
« ves de votre loyal dévouement, etc. »

Continuons, et poursuivons, avec le savant critique, les
erreurs qu'il a promis de dévoiler.

Au premier pas que nous faisons, nous sommes forcés de
ne reconnaître qu'une incapacité repoussante et une ignorance profonde du terrain, dans la critique qu'il fait du projet
formé pour reprendre l'île de Bomel sur les Républicains.
Les colonnes n'étaient-elles pas soutenues dans leur attaque
par des forteresses sous le canon desquelles elles manœu-
vraient? En cheminant, d'un côté, par une digue étroite,
et de l'autre, en agissant sur un terrain que des inondations
resserraient, avaient-elles à redouter que des forces majeu-
res pussent les entreprendre sur un développement plus
étendu que celui qu'elles présentaient? De là l'inutilité du
nombre de l'ennemi contre les colonnes que le critique voit
isolées malgré la liaison qu'elles auraient eue. Mais, plus
l'ennemi se serait mis en masse sur les digues et dans ces

terrains coupés où les alliés avaient des batteries solidement
établies, plus il aurait donné de prise à leurs coups, et plus
il se serait exposé à tomber dans le désordre où l'on voulait
l'amener. Est-il maintenant un militaire qui n'apercevra
pas dans le critique l'incapacité de vue et l'ignorance du
terrain que nous signalons? Il s'amuse aux dépens du brise-
ment de glace qu'on espérait produire derrière les troupes
républicaines qui auraient passé le Wahl : mais il ignore
donc que cette mesure est prescrite et usitée dans la défense des places pour les fossés pleins d'eau : qu'y avait-il
d'extraordinaire de chercher à l'opérer par des moyens plus
expéditifs, et qui promettaient des effets plus étendus que
les moyens connus? On voit que le génie du critique n'est
pas porté à l'invention.

Le critique ne dit pas que M. de Crossard avait proposé
de commencer l'attaque de Gênes six semaines plus tôt; il
ignore que le général Masséna dit au moment où il capitula:
« Si vous m'aviez attaqué quinze jours plus tôt, vous m'auriez
« surpris sans avoir un sac de blé dans mes magasins (1). »
Le chef d'état-major du maréchal pourrait réfuter ou confirmer ce propos; ou du moins il pourrait dire quel était
l'état des magasins.

Comment le critique peut-il repousser l'idée d'une fête
proposée dans le but de tromper la vigilance de l'ennemi :
nous l'avons cependant vu partisan des ruses de guerre; il
est vraisemblable que le général Mélas l'était aussi, car il
avait annoncé long-temps d'avance le bal qu'il donna dans
la nuit où il fit partir les officiers d'état-major pour ébranler
les troupes destinées à attaquer la rivière de Gênes. Cette
ruse pouvait être grossière, l'esprit fertile du critique en

---

(1) Le lieutenant général Joseph Shutterheim, aujourd'hui commandant en Galicie, en fut témoin auriculaire.

aurait suggéré quelqu'autre bien plus adroite : mais au moins cette ruse ne portait pas l'empreinte de la déloyauté.

Le comte de Bellegardé fut en effet attaqué sur le Mincio, et sa position fut forcée : M. de Crossard avait donc assez bien vu.

Des maximes générales, sur lesquelles s'appuyait le système de guerre proposé aux archiducs Charles et Jean en 1804, pouvaient bien être *exhumées* de livres surannés ; mais ce système consistait à établir ce genre de guerre de harcèlemens, de fatigues, de combats partiels ; il consistait surtout à faire soigneusement éviter les batailles générales que Bonaparte recherchait avec tant d'ardeur : eh bien ! le critique croit-il aujourd'hui que ce n'est pas à l'exécution suivie d'un pareil système que Bonaparte a dû l'anéantissement de ses forces ? au moins les généraux instruits et les militaires francs et loyaux qui ont fait les dernières campagnes sous les drapeaux de Bonaparte le prétendent-ils. Qui prouvera d'ailleurs mieux que l'adoption d'un pareil système par les armées étrangères, que le Français sait vaincre en bataille rangée. Il est fâcheux que le critique ne l'ait pas aperçu : il eût été moins ridicule en méconnaissant un système dont il est difficile de refuser à l'auteur des Mémoires la première idée.

Le critique, assez embarrassé pour réfuter d'incontestables faits, croit devenir irrésistible en remarquant, que l'idée d'attirer Bonaparte au-delà de Vienne pour le faire *traquer* ensuite par des armées qui auraient débouché en masse sur ses derrières, était *une idée unique*, puisqu'elle sacrifiait le cœur pour sauver un membre. Mais on a vu plus tard les Russes sacrifier le cœur de leur empire (Moscou), et la perte de Bonaparte s'en est suivie, et le salut de l'Europe en est résulté.... Quel membre a été sauvé ?.... L'idée n'était donc pas très-absurde.

L'incertitude que l'on manifeste sur le sinstructions qui

furent données en 1815 par le maréchal Davoust pour la défense du pays, pourrait être levée par les archives de la guerre ou par les Moniteurs du temps.

Le critique n'observe pas qu'en jetant *plaisamment* un ridicule sur la section de la junte militaire d'Espagne (1), il frappe du même coup tous les gouvernemens représentatifs ; et, sur ce point, nous sommes d'accord avec lui. Nous voudrions bien savoir, en effet, si tous les bureaux dans lesquels se partage la chambre des députés se composent d'hommes du métier auquel se rapportent les questions qu'on y agite. Celui où l'on doit examiner les lois relatives à l'armée se compose-t-il de militaires ? sont-ils tous jurisconsultes ceux qui règlent la jurisprudence ? ceux du bureau des finances sont-ils tous financiers ? et cependant l'opinion du bureau a de l'influence sur l'adoption ou le rejet de la loi qu'on propose. Ce n'est donc pas à la composition de la section espagnole de guerre que le critique devait s'arrêter ; mais c'est les propositions militaires qui furent adressées à la junte qu'il fallait examiner pour ne pas en paraître incapable.

En 1812 les Russes mirent en campagne dix mille hommes de pied, au moins, armés de lances : si le critique a fait la guerre de ce temps, s'il a assisté à quelques affaires, il a pu se convaincre que cet armement n'avait pas été sans utilité. Les bulletins de l'armée russe pourraient au reste lui faire connaître les actions où ces lanciers furent employés, et les succès qu'ils obtinrent.

Il faut n'avoir jamais lu ni Folard ni Guichardt ; il faut n'avoir aucune idée des manœuvres des anciens pour ne pas connaître celle qu'ils appelaient *le coin* ou *la tête de porc;*

---

(1) L'auteur vient de recevoir une lettre du marquis de Camposagrado qui serait en opposition avec le brevet d'ignorance dont le *très-savant* critique a bien voulu *l'honorer*.

il faut être dépourvu de toute sagacité en matière de guerre
pour ne pas apercevoir l'effet que cette manœuvre doit produire dans l'attaque, si elle est bien saisie dans toutes les
combinaisons qui doivent la préparer et l'assurer. Il est évident que la première combinaison à laquelle on doit la
soumettre est le produit de la masse par la vitesse. Pourquoi le général Crossard n'a-t-il pas émis ce principe,
le critique lui aurait peut-être accordé l'avantage d'avoir
quelque teinture de mathématiques? Il lui aurait peut-être
aussi accordé quelque idée militaire, s'il avait ajouté que
c'était cette masse qu'il fallait prémunir contre les ravages
de l'artillerie, et qu'il fallait surtout bien saisir le point
qu'elle devait heurter.

Si le critique se fut trouvé à la bataille de Wagram, il aurait su que c'est en faisant asseoir ses soldats, que le prince
Philippe de Hesse-Hombourg, évita la destruction dont le me-
naçait une formidable batterie qui ravageait ses rangs.

Si le critique eût été sur le plateau de Montreuil, le jour
où Paris fut attaqué, il aurait vu que les boulets partis du
château de Vincennes, rasèrent de près, sans l'endommager,
la ligne du corps de Rajewtzki, dont les soldats bordaient,
étant assis, le vallon de Bagnolet ; et, si le critique était officier d'artillerie, il en connaîtrait la cause, parce qu'il n'i-
gnorerait pas que dans toute l'étendue du but en blanc, le
projectile passe au-dessus de la ligne de mire ; et qu'en conséquence, en se plaçant au-dessous d'elle, on est certain de
n'être point atteint ; et que plus loin que le but en blanc, on
a d'autant moins de chances d'atteindre l'objet qu'il est moins
élevé.

Si le critique, qui peut-être a la prétention de bien connaître
l'histoire militaire, avait lu le Soldat Suédois, il aurait appris
qu'à la bataille de Leipsig, Gustave-Adolphe fit avancer des
pièces de canon de cuir de nouvelle invention dont il se servit

très-utilement, et avec lesquelles il perça le plus épais des troupes ralliées et la cavalerie ennemie..... Sans doute, de pareils canons n'étaient pas destinés à un service soutenu; il faut avoir perdu toute espèce de sens pour supposer que tel avait été l'avis de l'auteur des *Mémoires*.

Mais, en répudiant la fortification des camps de passage, le critique ignore que telle fut la méthode des Romains, que l'on a dit avoir été nos premiers maîtres dans l'art de la guerre; et il oublie que ce système fut assez, dit-on, celui du maréchal Saint-Cyr, dont la réputation a pu balancer celle du critique.

Le moyen proposé, en 1810, pour faire abandonner aux Russes le terrain qu'ils avaient conquis sur les Turcs, pouvait ne pas être d'une facile exécution, ce qu'on ne peut pourtant décider, puisqu'il ne fut pas tenté : mais les Russes ont souvent répété que si ce projet eût réussi, on les aurait embarrassé. Il faut, en effet, être dépourvu de tous les élémens de guerre, pour ne pas savoir que les premiers efforts doivent tendre à couper les vivres à son ennemi et à le priver des premières ressources : le critique n'aurait-il pas fait la campagne de 1812? Or, quel était le but qu'on se proposait d'atteindre, en allant débarquer au-delà de la rive gauche du Danube, si ce n'est de porter la famine chez les Russes; mais le critique a-t-il bien vu que lorsque le prince de Metternich, arrêta le départ de M. de Crossard pour l'armée turque, ce prince avait la certitude de la paix entre les Russes et les Turcs... Or, que pense-t-il de Napoléon, qui l'ignora et se laissa abuser pendant quinze mois! Ou bien, si Bonaparte connut cette paix que couvrait le mystère le plus profond, que pense-t-il de l'aveuglement qui laissa commencer la guerre?

Ce n'est pas seulement d'après les instructions données sur la frontière du Rhin, par le général Grimoard, à qui on a fait l'honneur de traduire son livre en langue allemande, que le général Crossard rédigea le plan d'opération qui lui parais-

sait propre, en 1814, à terminer promptement la guerre, en
écrasant Bonaparte dans les plaines du Soissonnais, sous
le poids des masses alliées réunies, ainsi qu'il en avait été
dans les plaines de Leipsig; mais M. de Crossard, s'était encore éclairé du Mémoire de la Fitte, sur la force et la faiblesse
des frontières, et il s'était de plus laissé guider par les connaissances que lui avait donné l'examen des frontières, rapporté au Tableau de la guerre de la révolution, ouvrage at-
tribué au ministre Servan. Il est vrai que les trois hommes que
l'on vient de citer n'avaient pas le génie que décèle le critique, cependant, ils ont quelque droit à faire autorité. Quoi
qu'il en soit, le critique remarque avec raison que le projet
de faire déboucher les armées alliées, en masse, entre la
Chier et la Sémois fut rejeté; mais que produisit l'éparpil-
lement des forces occasioné par un autre système? Il en ré-
sulta les succès de Bonaparte, à Champaubert, à Montmirail
et à Vauchamp : et l'Europe a vu que le sort de Bonaparte fut
décidé quand les deux armées se furent réunies, après le
combat d'Arcis : ce n'était donc point une réunion en masse
que devait combattre le critique, puisque l'événement serait
aujourd'hui contre lui; mais il aurait dû, pour nous instruire,
nous montrer la difficulté de réunir ces masses en suivant les
directions qui avaient été indiquées; les obstacles que Bonaparte aurait pu mettre à cette réunion, et enfin discuter le
terrain sur lequel elles étaient appelées. Mais nous pensons
que cette tâche était au-dessus de ses forces : bien plus heu-
reusement disposés en faveur de l'auteur, nous pensons qu'en
voulant l'attaquer de la sorte, le critique n'aurait pas trouvé
prise.

En 1815, les alliés auraient agi sur les points que le général Crossard désignait, avec deux cent cinquante mille
hommes ; et Bonaparte ne put mettre que quatre-vingts à
cent mille hommes en campagne : comment aurait-il donc
pu s'y prendre pour écraser une colonne dont la force eût

presque égalé celle de son tout ? Mais si le critique eût étudié
tous les détails du plan ; s'il eût calculé la distance qui régnait
entre chaque colonne ; s'il eût examiné la nature du terrain
qui les séparait ; s'il eût eu égard aux manœuvres qui étaient
prescrites à chacune d'elles dans toute espèce de cas où Bonaparte pouvait les placer; le critique aurait vu qu'il n'eût pas
été au pouvoir de Bonaparte d'écraser isolément une de ces
colonnes avant qu'elle n'eût été secourue par une ou deux colonnes auxiliaires qui auraient manœuvré pour prendre l'as-
saillant en flanc ou en queue. C'est en méditant sérieusement
sur les terrains qu'auraient embrassé les colonnes dans leurs
différentes marches, et en jugeant sainement le point où Bonaparte se serait journellement trouvé, que le critique aurait
pu prononcer sur le plus ou moins de facilité qu'eussent eu
les colonnes qui auraient manœuvré en flanc ou à dos de l'ennemi pour dégager la colonne attaquée dans sa marche; s'il
eût enfin considéré le point où Bonaparte aurait dû être arrivé
quand le signal du mouvement général aurait été donné ; s'il
eût ensuite calculé la distance que chaque colonne aurait eue
à parcourir pour arriver au point de réunion, et le chemin
que Bonaparte aurait eu à faire pour revenir lui-même sur ce
point, le critique aurait vu qu'il devenait impossible à Bonaparte d'empêcher cette jonction ; il aurait jugé la justesse du
plan, et il ne se serait pas exposé à paraître, aux yeux des
militaires instruits, incapable de concevoir et de juger une
opération. Nous dira-t-il qu'un pareil travail excéderait les
bornes d'une feuille périodique ; mais, dans ce cas, il ne faut
pas entreprendre plutôt que de laisser le lecteur persuadé
que l'on n'était pas de force à supporter le poids dont on se
chargeait.

Si le critique avait bien voulu remarquer que le prince
d'Orange n'avait que dix-neuf ans quand il commandait sur
la Lys en 1793 ; s'il avait réfléchi que l'armée hollandaise
n'était forte que de seize mille hommes quand elle entra en

campagne ; s'il avait su apprécier l'obligation bien démon-
trée où les princes d'Orange furent de garder plusieurs postes;
s'il avait évalué la distance qui régnait entre Werwich et Menin ; s'il n'avait pas enfin perdu de vue que Houchard se jeta
avec trente mille hommes sur les trois mille Hollandais postés
à Werwich sous les ordres du prince Frédéric, et tout au plus
huit mille restés à Menin sous le commandement du prince
héréditaire; enfin, s'il avait observé que ces princes combattirent depuis cinq heures du matin jusqu'à midi, il se serait
cru obligé de convenir que de pareils efforts ne pouvaient
émaner que d'un courage au-dessus d'un courage ordinaire ;
et quels que soient les talens auxquels sa modestie prétende,
nous doutons que son coup-d'œil eût mieux saisi le terrain,
et que son habileté eût opposé de meilleures dispositions à des
forces aussi disproportionnées. Malgré l'infériorité des forces,
si le commandant d'Ypres, à qui les hussards du major Utz
faisaient connaître tous les mouvemens de l'ennemi, après
avoir fait rentrer momentanément dans la place les postes
extérieurs qui en étaient à portée, se fût avancé sur la chaus-
sée d'Ypres à Menin avec les trois mille hommes qui for-
maient sa garnison ; si enfin le général autrichien Beaulieu,
qui battit le lendemain Houchard, eût voulu prendre part au
combat, quelle affaire eût pu combler davantage de gloire
deux jeunes princes qui, avec une poignée de monde, arrê-
tèrent si long-temps trente mille hommes, lesquels, deux jours
auparavant, avaient remporté une victoire sur une armée
bien plus nombreuse! Toutes ces réflexions n'échapperont
point au militaire qui aura lu ces *Mémoires* avec attention.
Que pensera-t-il de celui qui, après ne les avoir pas saisies,
veut argumenter de cette affaire de Werwik contre l'habileté
du prince Frédéric d'Orange? Sans doute on n'eut pas le
temps de concevoir un plan pour aller prendre une autre position ou se joindre à d'autres troupes ; mais on eut toujours
le temps de faire les dispositions qui convenaient à une défense

de poste, la seule action à laquelle devait se réduire, pour le moment, l'affaire qui s'engageait.

Le lecteur plus appréciateur jugera, par les dispositions qui furent faites à Werwich et à Menin, que les deux princes avaient connu et embrassé leur terrain ; mais il conclura de tout ce que le critique a dit, qu'il ne connaît pas la différence qui existe entre concevoir un plan, ce qui appartient à l'esprit, et adapter avec justesse les dispositions qui conviennent au terrain et aux circonstances, qualité qui caractérisent et le coup-d'œil et le talent de l'homme.

Mais ce qui ne sera pas un moindre sujet d'admiration pour le lecteur, c'est quand il ne pourra pas se dissimuler que le critique part de l'époque du combat de Werwich pour prononcer sur le degré d'habileté que le prince Frédéric d'Orange possédait au moment où la mort le ravit à la gloire et au bonheur de ceux dont le destin l'aurait entouré ; bien que six campagnes successivement faites depuis cette époque eussent développé tout le génie de ce prince pour la guerre, et muri son expérience : faible considération ! le critique n'en dit pas moins que ce prince n'a pas toujours montré en Hollande l'habileté d'un grand capitaine, témoin sa conduite devant Menin. La conséquence est aussi dénuée de sens que le principe est ridicule !

Le général Schmitt est considéré dans l'armée autrichienne comme l'un des plus habiles généraux qui aient honoré ses rangs. Il servit constamment dans le corps de l'état-major, et malheureusement le génie des officiers de ce corps ne tourne jamais *ostensiblement* à leur avantage. Le critique devrait le savoir.

En accusant la témérité de l'auteur d'avoir osé juger Bonaparte, en 1807, le critique aurait dû exposer les raisons sur lesquelles ce jugement s'appuyait ; nul doute que la témérité de l'auteur serait des plus condamnables, ridicule même, si les campagnes de 1812 et de 1815 n'avaient pas prouvé que le masque du grand homme devait tomber avec sa fortune.

L'archiduc Charles a malheureusement émoussé le trait que le critique a voulu décocher contre l'auteur, en consignant dans ses précieuses instructions, qu'en 1796, à l'âge de vingt et un ans, il n'avait ni les connaissances acquises, ni l'expérience, qui font aujourd'hui rechercher avec tant d'empressement les écrits dont son génie enrichit l'art militaire ; mais pourquoi le critique, dans ses obligeantes observations, n'a-t-il pas également révélé les nombreuses qualités que l'auteur a reconnues dans l'archiduc Charles ? c'est que l'assemblage de ces qualités font le grand homme, et que le critique ne veut pas convenir que l'auteur a, dans l'archiduc Charles, reconnu le grand homme.

Il paraît que le critique pense qu'il faille être savant soi-même pour avoir le droit de *faire grand cas de la science...* Quelle lumineuse pensée ! combien l'auteur ne doit-il pas regretter de n'avoir pas subi l'examen du critique pour faire constater le degré d'instruction qu'il peut posséder, et obtenir ainsi le droit de *faire cas de la science.*

L'auteur a dit que lord Wellington n'était pas insensible aux charmes d'une jolie femme ; et c'est un crime de l'avoir dit ; et cet austère reproche n'émane point d'un cénobite, mais d'un militaire.... Qui l'aurait cru ? César, Henri IV et le maréchal de Saxe aimaient beaucoup les femmes, et ils furent de grands capitaines ; aussi disons-nous, nous qui sommes bien moins sévères : malheur au militaire que les femmes n'exaltent pas ; il sera difficilement capable de grandes choses.

Toute la grosse colère du critique ne pourrait faire changer l'opinion de l'auteur sur les généraux Cuesta et Kaminskoy. Mais en frappant cette opinion d'anathème, pourquoi le critique n'en a-t-il pas montré l'injustice ? Il veut donc toujours être cru sur parole ; car il ne sera certaine-

ment pas échappé au lecteur que sa redoutable logique con-
siste à toujours nier, sans prouver. Le critique reproche
avec aigreur à l'auteur de s'être permis de juger les généraux; mais jusqu'ici nous avions cru que le premier devoir
de l'homme qui voulait léguer des faits à l'histoire, était de
faire connaître les personnages qu'il mettait en scène : Tite-
Live, Tacite, César dans ses Commentaires, nous l'apprennent; Saint-Simon, chez les modernes, nous le con-
firme, et M. de Ségur lui-même paraît n'avoir pas erré en
nous peignant les hommes remarquables dont les traits ont
animé ses tableaux.... Mais si le critique lit ce passage, quel
beau jeu ne va-t'on pas lui donner en lui fournissant occa-
sion de supposer qu'on a voulu placer l'auteur à côté de tant
de célébrités! Certes, l'ironie qu'il manie avec tant de grâce
en deviendra bien plus piquante.

L'auteur doit être fier de ce que le critique a bien voulu
lui décerner le titre pompeux de conseiller intime de Schwar-
zenberg, Koutousoff et Beningsen; mais plus ce titre est
glorieux, plus M. de Crossard aurait à désirer que le critique eût, pour cette fois, dérogé à sa méthode, en établis-
sant des preuves ; car si cette réputation ne repose que sur
quelques opinions émises verbalement, ou remises par écrit
de la part de M. de Crossard à ces généraux en chef; il n'y
a là rien que de très-ordinaire. Un officier d'état-major n'a-t-il
pas le droit de communiquer ses pensées à ses chefs? Si le
critique en est surpris, il ne connaît donc pas les attribu-
tions du corps de l'état-major; on le croirait sans peine, dès
qu'il en considère les officiers comme de simples courriers
ou porteurs d'ordres, et qu'il place leurs officiers supérieurs
dans les salons de service. Les chefs de ce corps ont un peu
plus de fierté, et les généraux leur portent un peu plus d'é-
gards, au moins dans les armées des peuples du nord.

Des événemens ont à la vérité déposé contre les généraux
Mack et Weyrother; mais si le critique eût consulté, si non

toute l'armée autrichienne du moins ses chefs, si, par exemple, il en eût appelé au baron de Wimpffen, aujourd'hui quartier-maître général, l'un des généraux les plus distingués de cette armée, et des militaires les plus savans de l'Europe; si le critique en eût même référé au capitaine Schels, dont il a invoqué l'autorité, il serait assuré que l'auteur des *Mémoires* avait montré les généraux Mack et Weyrother tels que toute l'armée autrichienne les avait vus. On croit avoir expliqué leurs revers; c'étaient les raisons sur lesquelles cette explication se fondait qu'il fallait détruire; mais si le critique n'est pas fort dans les discussions, on ne l'égale point en dénégations.

Le capitaine Schels et tous les généraux qui ont connu le général Zack auraient assuré le critique que c'était un homme distingué par de vastes connaissances, mais ils ne lui auraient jamais dit qu'il fut un général distingué. Il n'exerça en campagne les fonctions de quartier-maître général, que sous le général Mélas, et on lui dut la bataille de Marengo. Il revint sous le général Bellegarde; mais d'après ce qu'on a, dans ces *Mémoires,* dit de Son Excellence, le comte de Bellegarde est de ces généraux qui suffisent à tous les emplois de leur armée, et qui ne suivent jamais que la route qu'ils ont résolu de prendre. Le critique peut donc se convaincre, par d'irrécusables témoignages, que le général Zack ne fut considéré dans l'armée autrichienne que comme un excellent professeur, mais il y a fort loin d'un professeur de l'art militaire à l'homme de guerre; nous croyons même, et cette pensée peut être erronée, au moins aurait-elle besoin d'être développée, nous croyons qu'un professeur chargé de mots et d'histoire serait un mauvais général.

Les Bénédictins qui tenaient les écoles militaires écrivaient sur la fortification, l'histoire militaire et l'art de la guerre; et les Bénédictins auraient certainement été de fort

3

mauvais généraux : *il y a si loin de la théorie à la pratique !*

Il est hors de doute que l'auteur de ces *Mémoires* ait eu l'intention de disserter sur les causes et les effets de la guerre, mais seulement, comme il en a prévenu dès le principe, il n'a prétendu traiter que des causes et des effets dont il fut témoin. Il ne faut point oublier qu'il n'a offert à l'histoire que des fragmens, telles sont ses expressions; c'est en partant de ce point de vue, que le lecteur doit chercher à juger l'ouvrage, sans s'arrêter aux décisions du critique qu'on a assez évidemment démontré dépourvues de sens et de vérité. Nous croyons l'avoir assez pleinement réfuté. Nous aurons obtenu notre but, si le lecteur devient juge impartial entre nous et lui.

IMPRIMERIE DE DEMONVILLE,
rue Christine, n° 2.

9 782016 127568